大连大学东北史研究中心
馆藏文物精粹

王禹浪　王文轶　主编

文物出版社

图书在版编目（CIP）数据

大连大学东北史研究中心馆藏文物精粹／王禹浪，
王文轶主编．－北京：文物出版社，2019.1
　　ISBN 978-7-5010-5868-6

　　Ⅰ．①大…Ⅱ．①王…②王…Ⅲ．①历史文物－东北地
区－图录　Ⅳ．①K872.302

中国版本图书馆CIP数据核字（2019）第022798号

大连大学东北史研究中心馆藏文物精粹

主　　编：王禹浪　王文轶

责任编辑：窦旭耀
责任印制：陈　杰

出版发行：文物出版社
社　　址：北京市东直门内北小街2号楼
邮　　编：100007
网　　址：http://www.wenwu.com
邮　　箱：web@wenwu.com
经　　销：新华书店
印　　刷：鑫艺佳利（天津）印刷有限公司
开　　本：889mm×1194mm　1/16
印　　张：16.5
版　　次：2019年1月第1版
印　　次：2019年1月第1次印刷
书　　号：ISBN 978-7-5010-5868-6
定　　价：330.00元

本书编委会

主　编：王禹浪　王文轶

编　委：（按姓氏笔画排列）

于占杰　于冬梅　马振祥　王文轶　王秀芳　王宏北

王建国　王海波　王禹浪　王俊铮　石艳军　田广林

刘加明　刘述昕　刘冠缨　江红春　许　盈　孙　军

孙　慧　李丽娜　李福军　树林娜　都永浩　郭丛丛

崔向东　寇博文　程　功　翟少芳　薛志强　魏国忠

目　录

前言 …………………………………………………… 001

玉器　宝石器 ……………………………………… 005

陶器 ………………………………………………… 027

瓷器 ………………………………………………… 045

铜器 ………………………………………………… 131

金银器 ……………………………………………… 149

雕塑　造像 ………………………………………… 161

印玺 ………………………………………………… 181

档案文书 …………………………………………… 191

武器 ………………………………………………… 203

钱币 ………………………………………………… 217

后记 ………………………………………………… 257

前言

  2002 年 2 月，由中国社会科学院和东北三省相关学术机构及大学联合组织的大型学术项目"东北边疆历史与现状系列研究工程"（简称"东北工程"）正式启动；2002 年 8 月，党中央、国务院批准文化部报送的《〈清史〉纂修工作方案》，国家大清史编修工程正式启动。这两项新中国成立以来有关东北历史的国家社会科学工程，无不传递着国家振兴东北的讯号，东北史研究也随之迅速进入有识之士的视野。

  2002 年 9 月，大连大学校党委敏锐洞悉这一发展机遇，高瞻远瞩历史学科发展的未来，落实人才引进政策，加大急需人才引进力度。原哈尔滨市社会科学院地方史研究所所长王禹浪教授，以及一批从事东北历史、考古、文化研究的专家学者，在校党委和人才引进政策的感召之下，怀揣梦想，集结在巍巍黑山脚下，构成了大连大学中国东北史研究中心最初的四梁八柱。

  2002 年 11 月，大连大学中国东北史研究中心正式成立，王禹浪教授被任命为东北史研究中心主任。一块由著名语言学家、历史学家金启孮先生题写的匾额挂在了大连大学素质教育基地正门。匾额上瘦金体撰写的"中国东北史研究中心"，字体温醇秀颖，如新竹破土之精神；笔锋深沉雄骏，似古梅傲雪之风韵。至此，中国东北史研究中心作为大连大学首个文科校级科研机构在黑山脚下这片有限的天地里立定根脉，并以"立足大连，面向东北，放眼东北亚"的胸襟，在东北边疆史、东北古代民族史、东北城市史、东北历史地理、东北考古学、东北亚古代交流史等领域上下求索，砥砺前行。

  从 2002 年 9 月筹建东北史研究中心，到 11 月东北史研究中心正式挂牌成立的短短两三个月时间，东北史研究中心的研究室、资料室、学术报告厅、文物馆、文物整理工作室相继成立，并初具规模。特别是东北史研究中心文物馆的筹建，在短短两个月时间里便完成了文物征集、鉴定、入库、整理，以及展厅设计、布展和对外展览的诸多环节与工作，不仅成为当年连大的校园文化亮点，更成就了一种属于连大的速度和连大人的精神！

大连大学东北史研究中心文物馆展馆面积近300平方米，配套文物库房120平方米，馆藏文物约200余件组（约4000件），主要包括玉石器、金银器、瓷器、陶器、铜器、雕塑造像、钱币、武器、档案文书、印玺等类别，年代上自新石器时代，下至晚清民国时期，藏品突出东北地域文化和乡土风情。东北史研究中心文物馆自成立以来，不仅成为研究生文物考古课程的第二课堂，也是校内广大研究生、本科生东北地方史教学和素质教育的实践基地，以及大连大学首个辽宁省省级精品课程"神秘的东北历史与文化"公选课的实践教学基地。通过文献与文物的互动教学、文物整理保护与研究的触摸实践，不仅培养了学生对文物、考古、历史的兴趣，而且培养了学生保护文物、尊重史实的意识，强化了学生在博物馆的文物保护、展览、策划、讲解等方面的"实战"能力。很多本科生、研究生因此而受益，有的选择了在文博专业继续深造，有的则成功应聘到文博系统从事文物展览和研究工作。

高校博物馆不仅肩负着历史文化教学的功能，同时也被赋予了学术研究、学术交流以及历史文化传承的使命。谋动而后行，创新研究思想，凝练学术特色，谋划学科可持续发展。东北史研究中心在成立伊始，便确立了"立足大连，面向东北，放眼东北亚"的战略格局，以及"研究东北边疆历史文化，培养东北边疆史人才，弘扬东北乡邦历史文化，服务地方经济建设与社会文化发展需要"的建设目标。东北史研究中心文物馆作为大连大学校园文化建设的亮点，业已成为大连大学历史学科对外交流的窗口，年接待学术会议参观的专家学者300余人次，先后与国内外高校和知名研究机构纵横联合，多渠道拓展学术资源，开展学术交流与学术交叉研究，已成为大连大学中国史学科建设、大连市社会科学院大连地方史研究基地建设以及辽宁省哲学社会科学重点建设学科"东北边疆史学科"建设的重要学术平台。此外，东北史研究中心文物馆在辽宁省科普周的系列活动中，积极发挥文物展览的乡邦文化传承和学术宣讲作用，接待校内外参观者已达6000余人次，先后邀请国内外知名专家学者开展"东北的历史与空间系列讲座"40余场次。通过广泛的交流与文化宣传，根深蒂固的东北历史文化"荒漠"意识正在被人们一点点摒弃，神秘的东北历史与文化已不再"神秘"，却更显"魅力"！

文物不仅是历史长河中的文明碎片，更是人类文明的记忆符号，不仅给予人们体验历史的厚重，更彰显人类文明进步的脚步。文物保护和文物的价值，不应仅仅局限于错落有致的摆放和陈列，而静候观赏者的赞叹和膜拜，还应让文物在动态的研究和交流中发挥文明传承的价值。东北研究中心文物馆的馆藏文物，是"满天星斗"的中华文明所闪耀的极其微弱的一丝光辉，也许不足以惊艳，但足以让人有一丝惊喜，也许尚不十分丰富，但也有些许地域特色。我们愿意将其与学界和广大的收藏爱好者分享，以不至于因为深藏而遮掩它本就微弱的光辉。然而，由于所藏文物多来源于征集、捐赠所得，所以缺少具体的出土地点，以至于我们无法将其纳入具体考古文化系统中予以学术性质的研究考证。为了客观呈现文物的原貌和不做"误导"性质的推断，我们遴选的所藏精品，主要以图片的形式分门别类予以展示，并根据实测数据，只做尺寸、质地、质量等方面的简略介绍，期待它们的价值能被有识之士所识、所喜、所用。

编　者

2017 年 12 月 31 日

玉器 宝石器

中国人的识玉、琢玉、用玉、佩玉的历史由来已久，并对玉赋予了很多美好的寓意和美好道德的比附，《礼记·玉藻》云："古之君子必佩玉，……君子无故，玉不去身，君子于玉比德焉。"又《说文解字·玉字》释曰："玉，石之美者，有五德。润泽以温，仁之方也；角思理自外，可以知中，义之方也；其声舒扬，尊以远闻，智之方也；不挠而折，勇之方也；锐廉而伐，洁之方也。"除了《说文解字》的玉之"五德"说之外，还有《礼记·聘义》的"十一德"说、《管子·水地》的"九德"说、《荀子·法行》的"七德"说等。

在我国传统的中医学理论中，玉还被用作人体蓄养元气、强身健体的物质，"玉乃石之美者，味甘性平无毒"，认为吮含玉石能够"生津止渴，除胃中之热，平烦懑之所，滋心肺，润声喉，养毛发"。现代科学的研究表明，玉石含有多种对人体有益的微量元素，如锌、镁、铁、铜、硒、铬、锰、钴等，佩带玉石可使微量元素被人体皮肤吸收，进而可以活化细胞组织，提高人体的免疫功能。因此，玉在中国的传统文化中有着极为特殊的地位与作用。郭宝钧先生在《古玉新诠》中，曾对中国的"玉文化"有过十分经典的概括："抽绎玉之属性，赋以哲学思想而道德化；排列玉之形制，赋以阴阳思想而宗教化；比较玉之尺度，赋以爵位等级而政治化。"

"信以守器，器以藏礼。"玉因其作为众多美德的化身而成为重要的礼器之一。从目前的考古发现来看，玉器在中国的许多史前文化中均有出土发现，东北地区、海岱地区、太湖地区、江淮地区、中原地区、江汉地区、陕北地区和甘青地区为八个中心区域。其中，东北地区的史前玉器中心则主要分布在辽西地区。

辽西地区在进入红山文化时期，尤其是在距今约5000年的红山文化晚期，玉文化开始繁荣发达起来。无论在玉器的出土数量，还是玉器的造型种类、制作工艺等方面均达到了空前的水平。截至目前，见于报道和著录的红山文化玉器近400件，可分为发掘品、采集品和传世品三类。其中，发掘品全部出自墓葬，有近百件。因此，红山文化丧葬习俗具有"唯玉为葬"的特点。

　　红山文化的玉器，不仅数量十分可观，器型也十分丰富，具有简练、质朴、凝重而富有神韵的鲜明风格。目前，红山玉文化研究已经成为中国玉文化研究中的一项重要专题。玉器于红山人的精神世界而言，当是一种不可或缺的礼器，寄托了当时人们对生灵图腾的崇拜，对大自然的敬畏，对神灵祖先的祈求，并具有标识特殊人群身份的作用。

　　在东北的辽东地区和三江平原等地区，考古工作者也相继发现诸多重要的史前玉器遗存，体现出玉器于东北地区先民的特殊意义和作用，为东北地区的玉礼文化研究提供了更加充分的实物资料。

　　大连大学中国东北史研究中心文物馆所收藏的玉器，大体可分为玉礼器和玉饰两大类。其中，以东北地区史前玉器为主要特色，代表者有玉猪龙、马蹄形玉箍、玉玦、玉环、玉琮、玉斧等，此外也有汉代夔龙纹蒲纹玉璧、辽金玉带饰品、清代玉如意等精美玉器。

名称：马蹄形玉箍

年代：新石器时代

尺寸：通长 15cm，直径 9.2cm

质量：290.1g

名称：马蹄形玉箍

年代：新石器时代

尺寸：通长 10.3cm，直径 8.6cm

质量：260.4g

名称：兽面宝石琮
年代：新石器时代
尺寸：通高 4.2cm，外径 8.1cm，内径 3cm
质量：477g

名称：兽面玉琮
年代：新石器时代
尺寸：通高 1.7 cm，直径 2.8cm
质量：21.9g

名称：兽面玉琮
年代：新石器时代
尺寸：通高 2.6 cm，直径 2.45cm
质量：23.7g

名称：玉斧
年代：新石器时代
尺寸：通长 11.8cm，通宽 6.4cm
质量：327g

名称：玉斧
年代：新石器时代
尺寸：通长 10.27cm，通宽 6.55cm
质量：228g

名称：蚕形玉圭
年代：新石器时代
尺寸：通长 6cm，通宽 2.82cm
质量：7.53g

名称：勾云形玉匕
年代：新石器时代
尺寸：通长 5.3cm，通宽 3cm
质量：23.1g

名称：玉璜

年代：新石器时代

尺寸：直径 8.5cm

质量：16.2g

名称：玉璜

年代：新石器时代

尺寸：直径 7.4cm

质量：19.09g

名称：玉环
年代：新石器时代
尺寸：外径 6.4cm，内径 3cm
质量：27.8g

名称：玉玦
年代：新石器时代
尺寸：通宽 4cm
质量：7.23g

名称：玉玦
年代：新石器时代
尺寸：直径 2.6cm，厚 1.1cm
质量：9.1g

名称：玉玦
年代：新石器时代
尺寸：直径 3.9cm，厚 1.49cm
质量：23.9g

名称：玉玦
年代：新石器时代
尺寸：直径 3cm，厚 1.56cm
质量：22.3g

名称：玉玦

年代：新石器时代

尺寸：直径 2.3cm，厚 1.47cm

质量：12.2g

名称：圆角方形玉璧

年代：新石器时代

尺寸：直径 0.31cm，厚 0.84cm

质量：13.27g

名称：双连孔玉饰件
年代：新石器时代
尺寸：直径 3.1cm
质量：3.6g

名称：双连孔玉饰件
年代：新石器时代
尺寸：直径 3.96cm
质量：6.39g

名称：玛瑙玦

年代：青铜时代

尺寸：单件最大外径 5.5cm，内径 3.5cm

总质量：125.1g

名称：夔龙纹蒲纹玉璧

年代：汉

尺寸：外径 22.8cm，内径 3.8cm

质量：674.7g

名称：人物图玉带饰

年代：辽金

尺寸：通长 4.8cm，通宽 4cm

总质量：202.3g

名称：玉带饰

年代：辽

尺寸：直径 3.8cm，厚 0.68cm

质量：47.27g

名称：玉带饰

年代：辽

尺寸：通长 3.9cm，通宽 1.98cm，厚 0.67cm

总质量：195.85g

名称：水晶带饰

年代：辽

尺寸：通长 99cm，通宽 3cm

质量：0.46kg

名称：桃形玉如意

年代：明

尺寸：通长 31.5cm

质量：0.48kg

名称：刻花玉杯盏

年代：清

尺寸：杯口径 6.6cm，高 5.2cm，底径 2.7cm；

托盘长 16.6cm，宽 10.8cm

质量：232g

陶器

　　大约在一万年前，东北地区进入新石器时代。考古工作者曾在今天的内蒙古地区满洲里市扎赉诺尔附近，发现了距今1.2万年左右的"新人"人类头骨化石，并伴随出土了骨锥、骨刀梗、骨鱼鳔以及各种压制精美的石器工具。扎赉诺尔遗址的发现，标志着东北地区的史前文化已由旧石器时代向新石器时代过渡。目前，在东北地区已经发现了数以百计的新石器时代遗址，基本遍布了整个东北地区，其中已识别和命名的考古学文化就有20多种。它们所代表的年代，上至8000多年以前，下至距今4000年左右，在文化面貌上表现出鲜明的区域性特点。

　　一般认为，旧石器时代和新石器时代的区别主要有两大标志：一是生产工具的改进，即由简单的打制或砸击的石器加工方法，逐渐转化到精细的磨制加工阶段；二是旧石器与新石器之交，出现了陶器，人们掌握了烧制陶器的技术。

　　制陶是人类历史上一次极为重要的技术革命。陶器的发明，极大改善了人类的烹饪模式和膳食结构。利用陶器对肉类食物或植物的种子和果实加以蒸煮，相比陶器发明之前的火烤或生食而言，则更加容易消化和吸收营养。此外，陶器也是盛水和储藏食物的重要器皿。用之盛水，使得人类不必再紧邻河岸定居，在一定程度上减小水患的威胁；用之贮藏食物，则可以储备剩余食物，尽可能地避免食物的短缺或暴饮暴食；更重要的是用陶器存储粮种，可以防止鼠、鸟等动物的偷食。从陶器的制作上看，其原料为泥土，在获取上具有极大的便利性，并具有良好的可塑性，同时，泥土陶化所需的温度较低。泥土的主要成分是含水硅酸氧化铝，只要将其加热到600度以上，就会失去结构水而发生陶化，耐火耐水能力得以增强。因此，陶器一经发明就得以广泛传布，并成为人类日常生活中不可缺少的器具。

　　考古发现证明，日本的爱媛县上黑岩阴遗址中发现的1万年前的陶片，是东北亚地区最早的陶片之一。然而，人们对此一直持怀疑态度。后来，随着发现遗址的增多，人们才逐渐认识到，人类在一万年前就能够制作陶器了。因为这些陶器上印有类似绳纹的痕迹，所以便命名为"绳纹草创期"陶器。这种陶器除日本的冲绳和北海道外，还几乎遍布整个日本列岛。近些年来，这种陶器在俄罗斯的远东和蒙古地区也多有发现。因此，学者们推测，在中国东北地区，迟早也会发现距今1万年左右的陶片。严文明先生曾经明确指出，根据目前的考古发现，可以推断陶器的起源地至少有三处：一在中国的南方，二是中国的北方，三是日本。目前，在东北地区业已发现了种类繁多的新石器时代、青铜时代的陶器，即使在瓷器已经发明的各历史时期，陶器在社会生活中仍然扮演着十分重要的角色。唐三彩和辽三彩为代表的低温彩色釉陶制品在中国陶器艺术史上便占有举足轻重的地位。

唐三彩，全称为唐代三彩釉陶器，是盛行于唐代的一种低温釉陶器，釉彩有黄、绿、白、褐、蓝、黑等色彩，而以黄、绿、白三色为主，因而被人们习惯称之为"唐三彩"。辽三彩则深受唐三彩的影响。辽三彩多用黄、绿、褐三色釉。辽三彩胎质较软，呈淡红色，釉色娇艳光洁，可与唐三彩媲美，但胎土与唐三彩有所不同。辽三彩中无蓝色，施釉不交融，釉面少流淌，装饰手法主要为印花、划花两种。金元时期的三彩釉陶则继承于宋三彩，属划花三彩系统，以葱绿、橙黄、粉白三种釉色为主，花纹局部点施少许赭红彩，釉层较薄，色调深沉，与辽三彩釉色鲜艳明快、施釉界线不分明的的特点截然不同。

大连大学中国东北史研究中心文物馆所收藏的陶器多数为东北地区新石器时代至汉代的陶器，代表器物类型有陶鬲、陶鼎、陶罐、陶壶、陶俑等，个别为彩绘陶和彩陶。另外，也藏有多件唐三彩、辽三彩、元三彩等精美釉陶器。

名称：陶鬲

年代：新石器时代

名称：几何纹彩陶罐

年代：新石器时代

尺寸：通高 10.5cm，口径 4.5cm，底径 4.4cm

质量：475.6g

名称：鼓腹红陶罐

年代：青铜时代

尺寸：通高 16.2cm，口径 8.7cm，底径 7.7cm

质量：751.2g

名称：乳钉纹陶罐

年代：青铜时代

尺寸：通高 16.4cm，口径 11.2cm，底径 10cm

质量：1.25kg

名称：双耳灰陶扁壶

年代：汉

尺寸：通高 28.9cm，口径 10.18cm，底径 13.8cm

质量：1.96kg

名称：三足双耳釉陶盖鼎

年代：汉

尺寸：通高 16.4cm，直径 20.3cm

质量：1.63kg

名称：双系釉陶壶

年代：东汉

尺寸：通高 30.8cm，口径 11.5cm，底径 11.8cm

质量：2.25kg

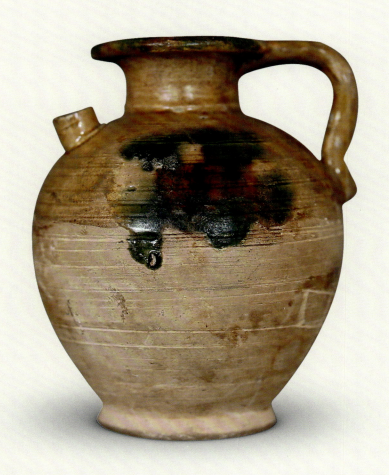

名称：三彩执壶

年代：唐

尺寸：通高 11.2cm，口径 5cm，底径 5cm

质量：255.6g

名称：三彩凤瓷杯

年代：辽

尺寸：通长 15cm，通宽 8.3cm，通高 10cm

质量：424.4g

名称：三彩瓷盘

年代：辽

尺寸：通长 22.1cm，通宽 12.86cm，通高 1.7cm

质量：361.2g

名称：三彩瓷盘

年代：辽

尺寸：通高 8cm，口径 29.5cm，底径 10cm

质量：1.15kg

名称：黄绿釉穿带双鱼形陶壶

年代：辽

尺寸：通高 22.3cm，口径 3.89cm，底径 8.63cm

质量：1.07kg

名称：双系陶罐

年代：辽金

尺寸：通高 9.1cm，口径 8.37cm，底径 7.2cm

质量：388.8g

名称：三彩刻花陶盘

年代：元

尺寸：通高 2.6cm，口径 12.6cm，底径 7.36cm

质量：124g

瓷器

　　中国被誉为瓷器的故乡，瓷器的发明是中华民族对世界文明的伟大贡献。中国的瓷器从陶器发展而来。目前，最早的瓷器发现于郑州的二里岗商代遗址中，据此推断大约在公元前16世纪的商代中期，中国就出现了早期的瓷器。该时期瓷器的胎体和釉层在烧制工艺上较为粗糙，烧制温度也较低，故而一般称之为"原始瓷"。原始瓷自商代出现后，经过西周、春秋战国到东汉，历经了1600—1700年的变化发展而逐步走向成熟。

　　东汉至魏晋时期制作的瓷器，从出土的文物来看以青瓷为大宗。这些青瓷加工精细，胎质坚硬，表面施有一层青色玻璃质釉，吸水率很低，体现出较高水平的制瓷技术。

　　隋唐时代，中国的瓷器发展成青瓷、白瓷等以单色釉为主的两大瓷器系列，并产生刻花、划花、印花、贴花、剔花、透雕镂孔等瓷器花纹装饰技巧。隋唐时期，瓷器烧成温度普遍达到1200℃，瓷的白度也达到了70%以上，接近现代高级细瓷的标准，为瓷器的釉下彩和釉上彩工艺打下了基础。五代时期，瓷器制作工艺高超，属北瓷系统的河南柴窑素有"片瓦值千金"之誉。相传，周世宗要求柴窑生产瓷器"薄如纸、明如镜、声如磬，雨过天青云破处，这般颜色作将来"，遗憾的是至今尚未见到柴窑传世品或发掘实物。南瓷系统则以越窑的"秘色瓷器"而享有盛名。

　　宋代瓷器在胎质、釉料和制作技术等方面，达到了全新的高度。宋代瓷器以各色单彩釉为特长，釉面能作冰裂纹，并能烧制窑变色及两面彩、釉里青、釉里红等。著名"瓷都"景德镇因北宋景德年间（1004—1007年）为宫廷生产瓷器而得名。宋代的耀州窑、磁州窑、景德镇窑、龙泉窑、越窑、建窑等均闻名中外，其汝、官、哥、钧、定更被誉为宋代的五大名窑。

　　辽金时期的瓷器常见为白釉瓷、青釉瓷和白釉瓷，辽代的三彩釉瓷器也较为常见和盛行，其主要窑址有北方地区的缸瓦窑、辽上京窑、江官屯窑、定窑、磁州窑、耀州窑、汝窑等。元代瓷器是中国瓷器发展史上承前启后的重要时期。元代最具代表的瓷器窑址为景德镇窑，尤以烧造的青花瓷、釉里红瓷、蓝釉瓷、孔雀绿釉瓷最具特色，奠定了元代景德镇窑在中国瓷器史中的重要地位。

明代时期，景德镇已经发展成为中国名副其实的瓷器之都，所烧造瓷器以青花瓷最为流行，并在瓷器的施釉技法上取得了重要的成就，大体形成了釉下彩、釉上彩、斗彩和颜色釉四大瓷器类别。其中，宣德年间的釉里红、成化年间的五彩和斗彩、永乐年间的红釉和甜白釉等瓷器，均享有盛名。清代的瓷器，相较于明代又有进一步的发展。清代的"彩瓷"，图样新颖，瓷色华贵。其中，康熙时的素三彩、五彩，雍正、乾隆时的粉彩、珐琅彩闻名海内外。此外，天青釉、霁红釉、霁青釉等瓷器，也是清代重要的瓷器作品。

大连大学东北史研究中心文物馆所收藏瓷器，以东北地区征集的辽、金、元时期瓷器和清代的粉彩、浅绛彩瓷器为主要特色。

名称：邢窑白釉龙首瓷壶

年代：隋

尺寸：通高 15.7cm，口径 8.7cm，底径 7.2cm

质量：678.19g

名称：越窑青釉双系瓷罐

年代：唐

尺寸：通高 8.5cm，口径 8.32cm，足径 5.9cm

质量：347.7g

名称：白釉执壶

年代：宋

尺寸：通高 18.3cm，口径 7.2cm，底径 7.2cm

质量：444.53g

名称：钧窑折沿瓷盘
年代：北宋
尺寸：通高 3cm，口径 11.64cm，底径 5.8cm
质量：374g

名称：影青瓷盏托

年代：宋

尺寸：杯口径 8.4cm，高 6.5cm，底径 4.2cm；

盏高 9.2cm，底径 9.1cm

质量：403.6g

名称：黄白釉瓷温碗注子

年代：宋

尺寸：注壶口径 3cm，底径 7.2cm，高 15cm；

温碗高 11.8cm，口径 13.9cm，底径 8.36cm

质量：954.6g

名称：龙虎魂瓶

年代：南宋

尺寸：通高 30.4cm，口径 6.5cm，底径 7.6cm

质量：1.199kg

名称：龙虎魂瓶

年代：南宋

尺寸：通高 29.8cm，口径 5.8cm，底径 7.78cm

质量：1.167kg

名称：绿釉刻花凤首瓷瓶

年代：辽

尺寸：通高 39cm，口径 10.5cm，底径 8.5cm

质量：1.96kg

名称：绿釉倒流瓷壶

年代：辽

尺寸：通宽 19cm，通高 19.4cm，底径 7.1cm

质量：1.14kg

名称：黄釉长颈瓷瓶

年代：辽

尺寸：通高 32.4cm，口径 11cm，底径 6.8cm

质量：1.11kg

名称：黄釉长颈瓷瓶

年代：辽

尺寸：通高 22cm，口径 9.69cm，底径 5.8cm

质量：766.5g

名称：白釉盘口穿带瓷瓶

年代：辽

尺寸：通高 31cm，口径 12.9cm，底径 11.1cm

质量：2.32kg

名称：酱釉皮囊瓷壶

年代：辽

尺寸：通高 23cm，口径 5.6cm，底径 9.2cm

质量：1.37kg

名称：茶绿釉皮囊瓷壶

年代：辽

尺寸：通高 22.5cm，口径 5cm，底径 9.5cm

质量：1.43kg

名称：茶绿釉提梁皮囊瓷壶

年代：辽

尺寸：通高 21cm，口径 4.25cm，底径 8.9cm

质量：1.33kg

名称：绿釉鸡冠陶壶

年代：辽

尺寸：通高 24.5cm，底径 11.7cm

质量：1.44kg

名称：铁锈花盘口瓷瓶

年代：辽

尺寸：通高 30cm，口径 11cm，底径 10.5cm

质量：4.27kg

名称：圆唇白釉瓷罐

年代：辽

尺寸：通高 11.5cm，口径 6.93cm，底径 5.8cm

质量：565.8g

名称：侈口白釉瓷罐

年代：辽

尺寸：通高 12.9cm，口径 9.37cm，底径 6.4cm

质量：659.6g

名称：酱釉瓷罐

年代：辽

尺寸：通高 9.4cm，口径 11.9cm，底径 6.9cm

质量：572.1g

名称：黄釉印花瓷盘

年代：辽

尺寸：通高 3.5cm，口径 12.9cm，足径 6cm

质量：183.6g

名称：花口影青瓷碟

年代：辽

尺寸：通高 1.9cm，口径 10.8cm，底径 4.5cm

质量：67.1g

名称：花口影青瓷碟

年代：辽

尺寸：通高 1.8cm，口径 10.9cm，底径 4.4cm

质量：62.4g

名称：花口影青瓷碟

年代：辽

尺寸：通高 1.9cm，口径 10.8cm，底径 4.3cm

质量：66.5g

名称：花口影青瓷碟

年代：辽

尺寸：通高 1.9cm，口径 10.9cm，底径 4.2cm

质量：61.4g

名称：青瓷小碗

年代：辽

尺寸：通高 4.5cm，口径 12.1cm，底径 2.97cm

质量：145.5g

名称：青釉小瓷盘

年代：辽金元

尺寸：通高 4.2cm，口径 15.5cm，底径 5cm

质量：214.9g

名称：酱白釉小瓷碗

年代：辽金

尺寸：通高 3.4cm，口径 15.9cm，底径 6cm

质量：286.3g

名称：白釉黑花玉壶春瓷瓶

年代：宋

尺寸：通高 22.5cm，口径 7.1cm，底径 6.2cm

质量：792.7g

名称：黑白釉四系瓷瓶

年代：金

尺寸：通高 30.5cm，口径 5.8cm，底径 10.65cm

质量：2.11kg

名称：白釉四系黑花瓷瓶

年代：金

尺寸：通高 19.9cm，口径 5cm，底径 7.1cm

质量：779.4g

名称：梅瓶

年代：金元

尺寸：通高 20.9cm，口径 4.83cm，底径 7.86cm

质量：1.03kg

名称：白釉铁锈彩口瓷碗

年代：金元

尺寸：通高 8.7cm，口径 14.46cm，底径 5.9cm

质量：463g

名称：白釉铁锈彩口瓷碗

年代：金元

尺寸：通高 8.5cm，口径 14.38cm，底径 6.6cm

质量：407g

名称：白釉小瓷盘

年代：金元

尺寸：通高 3.9cm，口径 14cm，底径 4cm

质量：262.5g

名称：龙泉窑青釉八卦纹瓷炉

年代：元

尺寸：通高 6.5cm，口径 12.4cm，底径 4.2cm

质量：319.6g

名 称：影青小瓷罐
年 代：元
尺 寸：通高 9cm，口径 5.1cm，底径 5.7cm
质 量：187g

名称：龙泉窑青釉高足瓷杯

年代：元

尺寸：通高 11cm，口径 10.3cm，底径 4.6cm

质量：337g

名称：茶叶末釉玉壶春瓷瓶

年代：元

尺寸：通高 25cm，口径 7.4cm，底径 9.24cm

质量：1.339kg

名称：钧窑瓷碗

年代：元

尺寸：通高 5.4cm，口径 13.7cm，足径 5.6cm

质量：303g

名称：铁锈花白釉瓷罐

年代：元

尺寸：通高 29.9cm，口径 16.98cm，底径 11.8cm

质量：6.04kg

名称：铁锈花双系白釉瓷罐

年代：元

尺寸：通高 25cm，口径 4.9cm，底径 8.2cm

质量：1.66kg

名称：白釉黑花瓷罐

年代：元

尺寸：通高 12cm，口径 11.73cm，足径 6.5cm

质量：704.2g

名称：龙泉窑三足瓷香炉

年代：明

尺寸：通高 11.2cm，口径 15.2cm，底径 13.2cm

质量：1.093kg

名称：茄皮紫釉梅瓶

年代：明

尺寸：通高 7.95cm，口径 4.2cm

质量：817.7g

名称：青花瓷盖罐

年代：明

尺寸：通高 9.3cm，口径 5.2cm，底径 5.9cm

质量：3.8kg

名称：青花高足瓷杯

年代：明

尺寸：通高 7.9cm，口径 6.7cm，底径 3.3cm

质量：83.33g

名称：甜白釉瓷碗

年代：明

尺寸：通高 7.5cm，口径 16.5cm，底径 6.9cm

质量：365.8g

名称：哥釉堆花瓷瓶

年代：清

尺寸：通高 38.9cm，口径 18.86cm，底径 16.1cm

质量：4.76kg

名称：素三彩珍珠瓷盉

年代：清

尺寸：通高 23.5cm，口径 175.3cm，底径 130.7cm

质量：1.5kg

名称：二十四孝粉彩瓷瓶

年代：清

尺寸：通高 34cm，口径 11.7cm，底径 11.7cm

质量：2.02kg

名称：粉彩花卉瓷瓶

年代：清

尺寸：通高 30.3cm，口径 8.7cm，底径 9.5cm

质量：1.15kg

名称：粉彩博古花卉瓷盖罐

年代：清

尺寸：通高 23cm，口径 9.6cm，底径 12.9cm

质量：2.07kg

名称：粉彩博古花卉瓷盖罐

年代：清

尺寸：通高 19cm，口径 8.5cm，底径 14cm

质量：1.8kg

名称：粉彩百花瓷罐

年代：清

尺寸：通高 12.4cm，口径 5.4cm，底径 8.4cm

质量：431g

名称：粉彩百花瓷盘

年代：清

尺寸：通高 3cm，口径 23cm，底径 12.4cm

质量：406.2g

名称：粉彩百花瓷盘

年代：清

尺寸：通长 27cm，通宽 21.2cm，通高 1.1cm

质量：291g

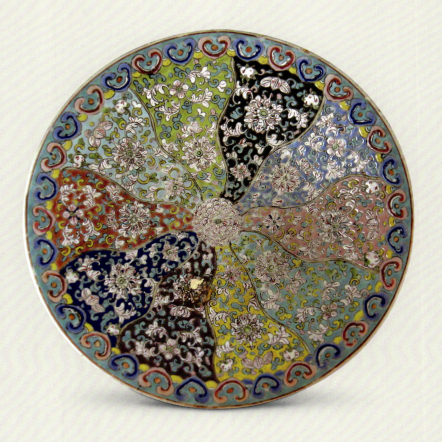

名称：粉彩十色瓷盘

年代：清

尺寸：通高 3.7cm，口径 29.8cm，底径 16.4cm

质量：1.28kg

名称：粉彩杂宝图大瓷盘

年代：清

尺寸：通高 5cm，口径 34.3cm，底径 18.9cm

质量：1.42kg

名称：浅绛彩人物方瓶

年代：清

尺寸：通高 42.4cm，口径 13.3cm，底径 11.6cm

质量：3.73kg

名称：浅绛彩燕山王子清供图棒槌形瓷瓶

年代：清

尺寸：通高 33.2cm，口径 4.2cm，底径 10.8cm

质量：1.82kg

名称：浅绛彩人物博古方形瓷帽筒

年代：清

尺寸：通高 27.7cm，底径 10.33cm

质量：1.52 kg

名称：浅绛彩煮茶图瓷瓶

年代：清

尺寸：通高 23.4cm，口径 8.6cm，底径 9cm

质量：745.63g

名称：浅绛彩神话故事图瓷帽筒

年代：清

尺寸：通高 28cm，直径 12.3cm

质量：1.26kg

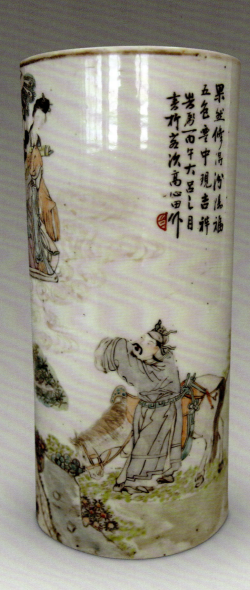

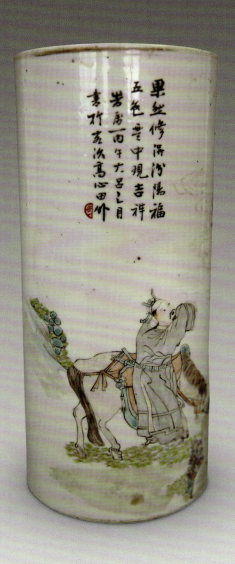

果盆修济汾阳福
五色壶中现吉祥
岁辰丙午大吕之月
素竹亥次高心田
名称：**浅绛彩神话故事图瓷帽筒**

年代：**清**

尺寸：**通高 28.2cm，口径 10.71cm，底径 12.28cm**

质量：**1.18kg**

名称：浅绛彩山水福到眼前瓷颜料盒

年代：清

尺寸：通长 11.3cm，通宽 11.3cm，通高 6.8cm

质量：527g

名称：青花杂宝大瓷瓶

年代：清

尺寸：通高 58.5cm，口径 19.77cm，底径 19.47cm

质量：6.14kg

名称：青花杂宝大瓷瓶

年代：清

尺寸：通高 58.1cm，口径 18.8cm，底径 19.3cm

质量：5.79kg

名称：万寿无疆青花瓷碗

年代：清

尺寸：通高 9.5cm，口径 18.2cm，底径 7.98cm

质量：447.5g

名称：青花加紫双马图瓷盘

年代：清

尺寸：通高 6.8cm，口径 29.1cm，底径 11.2cm

质量：1.09kg

名称：黑漆玉壶春瓶

年代：清

尺寸：通高 48.5cm，口径 11.3cm，底径 12cm

质量：2kg

名称：三足双耳狮纽仿铜瓷熏炉

年代：清

尺寸：通高 28.5cm，直径 21.8cm

质量：2.48kg

名称：四方花鸟瓷瓶

年代：民国

尺寸：通高 29.78cm，口径 8.5cm，底径 8.7cm

质量：1.87kg

名称：粉彩茶壶

年代：民国

尺寸：通高 12cm，口径 7.2cm，底径 9.8cm

质量：666.6g

名称：粉彩茶壶

年代：民国

尺寸：通高 10.5cm，直径 12.1cm，底径 8cm

质量：446.9g

名称：粉彩茶壶

年代：民国

尺寸：通高 12.5cm，口径 7cm，底径 10.4cm

质量：650g

名称：绿釉印纹陶罐

年代：民国

尺寸：通高 12.5cm，口径 8.27cm，底径 11cm

质量：695g

名称：日本豆青釉梅花六棱瓷帽筒

年代：不详

尺寸：通高 29.8cm，直径 11.1cm

质量：2.16kg

名称：日本豆青釉梅花六棱瓷帽筒
年代：不详
尺寸：通高 29.8cm，直径 11.1cm
质量：2.1kg

铜器

　　青铜是红铜（纯铜）与锡或铅的合金，其熔点在700℃—900℃之间，较比红铜的熔点（1083℃）低。含锡10％的青铜硬度是红铜的4.7倍，且性能良好。青铜器的出现，对人类社会的进步和生产力的提高都起到了划时代的作用。它标志着人类从一个纯粹的自然王国跨入了自由王国之门。自此，人类进入了一个不断发明创造的历史阶段。从文明意义上看，人类历史上的政治制度、阶级社会、民族形成、国家的诞生、城市的出现以及最残酷的战争与征伐，大多从这里起步。可以说，青铜时代是人类真正意义上摆脱了愚昧和无知的历史阶段。

　　青铜时代，在世界范围内的编年体系中，其相对年代大约从公元前4000年至公元初年。世界各地进入这一时期的年代或早或晚。伊朗南部、土耳其和美索不达米亚一带在5000—6000年前就已经使用了青铜器，与欧洲使用青铜器的时代大体相当。印度和埃及则在公元前3000—前2000年，有了青铜器。埃及、北非以外的非洲使用青铜较晚，大约不晚于公元前1000年至公元初年。美洲直到将近公元11世纪，才出现冶铜中心。

　　在世界范围内，青铜铸造业形成几个重要的地区。这些地区往往成为了人类古代文明形成的中心。在古代文化发达的一些地区，如爱琴海地区、埃及、美索不达米亚、印度、中国等国家和地区，青铜文化的出现几乎都伴随着早期国家的萌芽与发生。

　　中国的青铜文化大体始于公元前21世纪，止于公元前5世纪，基本相当于文献记载的夏、商、西周至春秋时期，经历了1500多年的历史。有的学者把中国青铜时代从商周至战国划分为鼎盛期、颓败期、中兴期、衰落期4个阶段。也有的学者将这一时期划分为殷商前期、殷商后期、西周期、东周前期、东周后期5个发展阶段。

　　中国各地的青铜文化具有自己的特点和风格，可以分作不同的地区类型。我国步入青铜时代，大体经历了早、中、晚期几个不同的发展阶段。早期青铜时代是以河南偃师二里头文化为代表，年代大约在距今4100年前后，与这一时期相近的青铜时代遗址还有山西的夏县东下冯文化、山东的岳石文化、辽西地区的夏家店下层文化、黄河上游的四坝文化等。在这些遗址中，都相继出现了品类繁杂的青铜制品。在一些墓葬中，还发现了人殉和人牲。根据放射性碳十四测定的结果，其年代基本处于我国历史文献记载的夏王朝纪年的范围内。

我国东北地区进入青铜时代的时间，大体上与中原地区的青铜时代相一致。辽西地区在红山文化时期，青铜文化已初露端倪，在考古发掘中曾发现了红铜刀，这是东北地区最早的铜兵器，而相当于中原地区夏至早商时期的夏家店下层文化，则进入了青铜时代，出现了较为发达的青铜铸造业。1981年，考古工作者在赤峰地区翁牛特旗头牌子乡敖包山上，出土了一组（5件）青铜器，在其中的两件青铜鼎中盛满了棕色结晶体。中国科学院对这些结晶体进行了科学的分析和鉴定，结果发现这是一种含锡达50％的矿石，说明距今4000年左右的辽西人，已经掌握了从挑选矿石到配料加工和冶炼青铜的技术手段。

夏家店上层文化时期，辽西地区的青铜文化则有了更进一步的发展。考古工作者在辽西地区发现了相当于商周时期的窖藏铜器群，集中分布于大凌河上游地区，出土的青铜器无论是铸造技术，还是铸造风格，基本与中原同期器物相一致，反映了夏家店上层文化与中原地区青铜文化的互动交流。此外，在辽西地区诸多的夏家店上层文化的墓葬中，还出土了大量具有北方民族特征的兵器与马具等，在今赤峰市林西县还发现了多处大型的古铜矿遗址，显现出夏家店上层文化的地域特色和青铜器制作的本土化的风格与能力。

迄今为止，辽西、辽东地区所发现的青铜时代考古文化在东北地区最为丰富，其青铜手工业也最为发达。在东北地区的黑龙江、吉林等地，虽然相继发现和出土了距今4000年前后的青铜文化的遗址，但多以小型的青铜刀、青铜泡等器物为主。总体上看，东北地区各区域青铜文化的发展并不平衡，有些区域的古代民族甚至并未经历过明显的青铜时代。例如，东北北部的肃慎人的遗存中，就没有或很少发现青铜时代的器物，从遗址出土的各种石兵器上观察，直到汉魏时代这种石兵器依然与铁器并用。然而，东北南部的古代民族的东胡系统、秽貊系统则较早进入青铜器时代，主要集中在东、西辽河流域和大、小凌河与鸭绿江流域。由于这一地区是中原文化与东北文化系统的交汇处，其青铜文化既具有鲜明的地域特色，又带有中原青铜文化的某些痕迹。

名称：三足双耳勾龙纹青铜虎纽盖鼎

年代：东周

尺寸：通高 25.9cm，直径 20.3cm

质量：3.26kg

名称：错金银青铜灯

年代：东周

尺寸：通高 19.2cm，灯台直径 10.6cm，底径 9cm

质量：532g

名称：三足双耳虎纽青铜盖鼎

年代：战国

尺寸：通高 25.5cm，直径 25.8cm

质量：4.43kg

名称：青铜匜
年代：战国
尺寸：通长 20.7cm，通宽 7.6cm，通高 15.5cm
质量：491.36g

名称：青铜带钩
年代：战国
尺寸：通长 8.86cm，通宽 2.2cm
质量：55.1g

名称：青铜带钩
年代：战国
尺寸：通长 6.1cm，通宽 1.5cm
质量：40.9g

名称：青铜带钩

年代：战国

尺寸：通长 6.3cm，通宽 1.3cm

质量：34.5g

名称：青铜带钩

年代：战国

尺寸：通长 3.99cm，通宽 1.5cm

质量：33.59g

名称：青铜带钩
年代：战国
尺寸：通长 8.9cm，通宽 1.2cm
质量：35.1g

名称：青铜带钩
年代：战国
尺寸：通长 5.7cm，通宽 3.2cm
质量：23.9g

名称：青铜带钩
年代：战国
尺寸：通长 12.9cm，通宽 1.1cm
质量：59g

名称：青铜带钩
年代：战国
尺寸：通长 11.7cm，通宽 1.26cm
质量：69.3g

名称：青铜带钩

年代：战国

尺寸：通长 6.3cm，通宽 1.66cm

质量：37.9g

名称：青铜带钩

年代：战国

尺寸：通长 8.4cm，通宽 1.6cm

质量：35.9g

名称：青铜带钩
年代：战国
尺寸：通长 10.5cm，通宽 1.1cm
质量：22.5g

名称：青铜带钩
年代：战国
尺寸：通长 11.2cm，通宽 1.2cm
质量：27.2 g

名称：青铜带钩

年代：战国

尺寸：通长 3.7cm，通宽 3.5cm

质量：38.85g

名称：鎏金铜覆面
年代：辽
尺寸：通长 24.1cm，通宽 21.5cm
质量：110.5g

名称：三足双耳铜香炉

年代：清

尺寸：通高 10cm，口径 14.7cm

质量：1.03kg

名称：提梁铜熏炉

年代：清

尺寸：通高 7.27cm，口径 8.4cm，底径 9.3cm

质量：243.3g

金银器

辽代金银器是中国古代金银器艺术的重要组成部分，其金银工艺继承了唐代的传统，又受到来自波斯及地中海等地域文化的影响，并根据本民族的生活习性而创造了富有特征的金属工艺。辽代金银器主要发现于内蒙古、吉林、辽宁、河北、北京、山西等地区，以其精致的制作工艺和繁多的种类，使古代北方草原地区金银器文化发展达到鼎盛时期。

辽代金银器的种类从用途上大体可分为饮食器、妆洗器、装饰品、鞍马具、殡葬器、宗教用具和日杂器等类别。其中，以马具、带饰居多，金银器皿相对较少。辽代帝王凡授大臣爵秩，也"皆赐锦袍、金带、白马、金饰鞍勒"。契丹贵族贵族热衷于用马具、带饰殉葬，显现出契丹族能骑善射的民族风格。在辽代贵族墓葬中，也常见敛尸用的鎏金面具、金丝网衣、头箍等，彰显出墓主人身份地位的尊贵。

辽代金银器的制作工艺多采用浇铸、焊接、锤揲、錾花、鎏金、镶嵌等盛行于唐和五代的传统技法，并根据契丹族的游牧生活习俗而设计和制作所需要的各种器形，其装饰图案多仿唐代流行的团花格式，以龙、凤、鹿、鱼、宝相、牡丹、忍冬、联珠与缠枝花卉等纹饰为主。

大连大学东北史研究中心历史文物馆所藏辽代金银器主要为装饰品，有女性佩戴的银簪、银耳环、银戒指等，其中最为珍贵的是由头箍冠饰、手镯、耳坠、戒指等组成的整套辽代金首饰，为征集所得，从头箍冠饰的用途判断当为随葬品。

名称：嵌金长颈铁瓶

年代：辽

质地：铁、金复合

尺寸：通高 37.5cm，口径 6.9cm，底径 13.6cm

质量：2.43kg

名称：金冠饰

年代：辽

质地：金

尺寸：通高 9cm，直径 18.5cm

质量：74.2g

名称：金镯
年代：辽
质地：金
尺寸：直径 6cm
质量：41g

名称：金镯
年代：辽
质地：金
尺寸：直径 6cm
质量：38.9g

名称：金戒指

年代：辽

质地：金

尺寸：通长 3.8cm，通宽 2cm，通高 3cm

质量：16.2g

名称：金戒指

年代：辽

质地：金

尺寸：通长 3.3cm，通宽 1.9cm，通高 2.2cm

质量：10.9g

名称：金戒指
年代：辽
质地：金
尺寸：通长 2.6cm，通宽 1.48cm，通高 1.7cm
质量：5.5g

名称：金戒指
年代：辽
质地：金
尺寸：通长 3.4cm，通宽 1.6cm，通高 2.4cm
质量：11.5g

名称：金戒指
年代：辽
质地：金
尺寸：通长 3.7cm，通宽 1.7cm，通高 2.7cm
质量：13.2g

名称：金饰件
年代：辽
质地：金
尺寸：通长 15cm
质量：7g

名称：摩羯金耳坠
年代：辽
质地：金
尺寸：通长 4.2cm，通宽 3.5cm
质量：31.7g

名称：金球饰
年代：辽
质地：金
尺寸：直径 1.56cm
质量：14.8g

名称：鸡心形金坠

年代：辽

质地：金

尺寸：通长 3.5cm，通宽 2cm

质量：9.4g

名称：金饰件

年代：辽

质地：金

尺寸：通长 2.3cm，通宽 1.1cm

质量：6.3g

名称：摩羯首银簪子

年代：金元

质地：银

尺寸：通长 18.9cm

质量：31g

雕塑　造像

中国的雕塑造像历史悠久、内容丰富，是中国文化艺术宝库中极为璀璨的瑰宝之一。雕塑是审美和技术的结晶，反映出每一历史时期的物质生活和手工技术水平，以及人们的信仰追求、价值观念与审美情趣。因此，雕塑艺术可以说在一定层面上，述说着民族发展的历史，凝聚着民族的精神和传统。

东北地区的雕塑造像艺术大约始于新石器时代，主要以人物和各类动物形象为主，并出现了诸如"龙""凤"等具有想象和复合体特征的图腾类造像。目前，考古发现的该时期雕塑多为陶塑、石雕、玉雕、牙雕、骨雕，木雕造像由于材质容易腐朽而发现较少。20世纪70年代，考古工作者在沈阳新乐下层F2遗址中曾出土1件鸟形木雕，雕刻精美，线条流畅。木雕出土时，折为三段，并列在一处，局部残缺。通长约40厘米、残宽约4.5厘米，由嘴、头、身、尾、柄五部分组成。除柄外，全身双面雕刻，阴刻纹饰基本一致。有人认为是大鹏鸟，也有人考证认为所谓鹏即是凤。目前，学界基本认定该木雕是新乐人图腾崇拜的一个缩影，并与东夷人普遍的鸟图腾崇拜不无关系。工艺技法上，主要为圆雕、浮雕、线刻，并运用了较为高超的钻孔技术。

青铜时代东北地区的雕塑作品除了陶塑、玉石、牙、骨等雕塑作品之外，也出现了具有雕塑性质的青铜器，以人、动物或神异动物形象铸为器形或局部装饰。这类器物一般具有重要的政治、宗教、礼仪的意义。

春秋以后，中国的随葬风俗逐渐由人殉向以俑代人的殉葬方式转变，随之出现陶、木质等随葬人物俑。秦汉时代，中国的雕塑艺术空前兴盛。1974年在陕西临潼秦始皇陵以东发现的兵马俑雕塑群，举世震惊，被誉为"世界第八大奇迹"。汉代各类材料制作的俑，对于现实生活有了更为写实的反映，人物俑有农夫、工匠、厨夫、俳优、部曲等不同身份，形象惟妙惟肖，神态刻画细腻传神。除了人物俑之外，陶塑的房屋、楼宇、院落、水井、灶台、家畜等雕塑也在汉代的墓葬中大量出土。此类的汉代雕塑造像，在东北地区则以辽宁的辽阳、营口、大连等地区的汉墓遗址中出土最为丰富和精美。

汉代以后至南北朝时期，随着佛教的传入和在中国的广泛传播，佛造像在中国传统雕塑艺术文化中逐渐占据了重要的地位。佛造像是带着宗教情感的艺术作品，其工艺手法多样。南北朝以后，汉传佛教造像逐渐脱离了古印度及中亚佛教造像风格的影响，并逐渐形成了具有中国文化内涵的汉传佛教造像艺术。北魏的佛造像具有"秀骨清像"的特点，唐代为"雍容华贵"，宋代为"典雅秀美"等，呈现出不同的时代风格。藏传佛教是佛教传入西藏地区以后发展起来的一种宗教，汇聚了佛教的显宗、密宗和西藏地区的苯教等内容，其造像风格则融汇了克什米尔、东北印度、尼泊尔、汉传佛教等造像艺术特点，形成了具有多元文化因素的造像风格，是中国古代佛教造像艺术的重要组成部分。

大连大学东北史研究中心文物馆通过征集，收藏有2件具有红山文化特征的玉猪龙雕塑以及部分东北地区新石器时代的人物、人面玉雕像和玉蝉、玉鸟等动物雕塑。馆藏的汉代雕塑精品文物主要为1对圆雕蟠螭兽玉席镇和2件彩绘女性人物陶俑。两件席镇底座为两侧对称浮雕蟠螭，底座上部蟠螭兽则主要采用圆雕和镂雕手法，线条流畅，形态生动。两件人物陶俑，1件为贵妇形象，表情端庄矜持，长袍垂地并覆脚面；1件为侍女形象，表情憨态讨喜，双脚着短靴，长袍垂至靴腰以上。两件陶俑品虽然通体彩绘脱落较为严重，但雕塑整体品相保存良好。馆藏佛教造像主要为多件辽代小铜佛，造像较小，个别锈蚀较为严重；2件清代鎏金佛坐像，其中1件为释迦牟尼佛造像，封底已开启，1件为达赖佛造像，封底密封完好；1件为清代石雕罗汉坐像。此外，本书著录的三燕时期翔凤擒蛇卧兽鎏金铜饰件也是本馆所藏的雕塑精品，"辽耶律珏娘子萧氏墓志"的碑文基本清晰可辨，具有一定的史料研究价值。

名称：玉猪龙
年代：新石器时代
质地：玉石
尺寸：通长 9.2cm，通宽 6.46cm
质量：217.5g

名称：玉猪龙
年代：新石器时代
质地：玉石
尺寸：通长 13.2cm，通宽 9cm
质量：469.7g

名称：圆雕玉人像
年代：新石器时代
质地：玉石
尺寸：通高 7cm，通宽 2.85cm
质量：73.2g

名称：人面玉琮
年代：新石器时代
质地：玉石
尺寸：通高 1.6cm，直径 1.9cm
质量：9.5g

名称：穿孔玉人面像
年代：新石器时代
质地：玉石
尺寸：通长 1.64cm，通宽 1.65cm
质量：3g

名称：人面玉琮
年代：新石器时代
质地：玉石
尺寸：通高 1.6cm，直径 1.9cm
质量：9.5g

名称：玉蚕
年代：新石器时代
质地：玉石
尺寸：通长 2.25cm，通宽 1.5cm，通高 1.5cm
质量：6.9g

名称：玉蚕
年代：新石器时代
质地：玉石
尺寸：通长 2.5cm，通宽 0.84cm，通高 0.57cm
质量：1.7g

名称：玉鸟
年代：新石器时代
质地：玉石
尺寸：通长 1.98cm，通宽 0.87cm
质量：0.76g

名　称：圆雕蟠螭兽玉席镇

年　代：汉

质　地：玉石

尺　寸：通高 3.5cm，通长 28cm，通宽 9.5cm

质　量：1.43kg

名称：圆雕蟠螭兽玉席镇

年代：汉

质地：玉石

尺寸：通高 3.8cm，通长 28.4cm，通宽 10.4cm

质量：1.65kg

名称：贵妇灰陶俑

年代：汉

质地：陶

尺寸：通高 46cm，通宽 16.6cm

质量：2.6kg

名称：侍女灰陶俑
年代：汉
质地：陶
尺寸：通高 43.2cm，通宽 11.9cm
质量：2.49kg

名称：翔凤擒蛇卧兽鎏金铜饰件

年代：十六国三燕时期

质地：铜

尺寸：通长 12.68cm，通宽 5.3cm，通高 11.9cm

质量：282g

名称：骆驼陶俑

年代：唐

质地：陶

尺寸：通高 440cm，通长 32.8cm，通宽 15.7cm

质量：3.06kg

名称：石像生

年代：唐

质地：石

尺寸：通高 79.8cm，通宽 30cm

质量：41.7kg

名称：小铜佛

年代：辽

质地：铜

尺寸：通高 4.1cm，通宽 2.1cm

质量：26.8g

名称：小铜佛

年代：辽

质地：铜

尺寸：通高 3.1cm，通宽 1cm

质量：7.2g

名称：耶律玨娘子萧氏墓志

年代：辽

质地：石

尺寸：通长 77cm，通宽 77cm，厚 11cm

质量：133kg

墓志铭碑文：

□（左）□（护）卫郎君耶律玨娘子萧氏墓志铭　郎君我有国之华宗，开图之□□，其先漆水人也。远祖宰相匀赌衮，即大圣皇帝之仲弟也；祖母别谞，即应天皇后之季妹也。郎君之烈考卷而不仕，隐德含光，高尚其志。女萧氏，蕴肃雍之德，起家而配焉。有二子，长讳恭，以清白干济同知度支司事；次即郎君也，未冠而考妣俱逝，自谓居丧守制，孝之终也；立身杨（扬）名，不辱先也。维大康二年冬十二月，策名于牌印祗。三年，驾幸凉陉，以郎君才干优长，加以忠白，风彩秀拔，特旨升列左厢护卫，出入宫禁，昼警夜巡，执干戈而羽翼君门者，郎君之功也。娘子则曾翁都知，祖翁官至都宫使，又至林衙；父讳京，累迁至本官奚王，又任燕京统军。娘子即次女也，兄讳至忠，北面编集条制；弟讳献忠，北面祗侯至护卫。娘子妇德既周，女功亦备，十有八岁，适于郎君，白处室家，相高才德。至六年秋，不意郎君寝疾于行阙，忧瘁益加，遂告退至中京兄同知之公署，针药所不愈，七年二月十七日疾终于是处之私第，时春秋三十有四。兄同知倾悲恋之诚，尽友恭之礼，备仪引枢之马盂之之别墅。娘子痛不能偕，空伤独存。虽有一女撒箇只，亦未免于禙褓，续有侄。郎君桃野主领家籍，有三子一女，长名卢都剌，次名干统奴，小名四汉，女名婆旦。洎中外婢仆，娘子以温正颜色绳捡（检）训诫，则致家于大和，既彰妇道，又悟佛乘，执匪懈之心，修无上之道。无何于乾统八年三月婴疾，盖命数修短在天，膏肓勿药。逮次年九月十二日考终于佛山之私寝，娘子享年五十有六。从孝母乙里婉为丧主，侄三郎乌胃咄、侄女阿厮尽敬上之心，备临丧之礼，悲惨号泣，哀及路人。呜呼！郎君官不至显位，寿不至中年，加之无嗣，娘子贞白淑善，孀寡自若，年不至中寿，福善何如！冬十二月二十日，娘子归葬于白羊峪。先郎君莹之次，礼也；志其遗行，宜哉！其铭曰：尔祖尔父，国之亲族；尔宿尔卫，君之心腹；尔寿不永，得之于天；尔官不显，定之于前。安尔玄寝兮万斯年，无怨其自然之然。是岁在丑，是月终纪，先人之莹，再发其虫。娘子萧氏，复葬于此，日月虽迈，贞声不已。

名称：鎏金佛坐像

年代：清

质地：铜

尺寸：通高 18.8cm，通宽 12.2cm

质量：1661.9g

名称：鎏金佛坐像

年代：清

质地：铜

尺寸：通高 16.7cm，底座通长 10.9cm，底座通宽 8cm

质量：1334g

名称：石雕罗汉坐像

年代：清

质地：石

尺寸：通高 17.9cm，底座通长 11.48cm，底座通宽 7.3cm

质量：1408.6g

印玺

印玺，即印章。古时封发物件，把印盖于封泥之上，以作信验。"符节、印玺，所以示其信也"。印玺一般认为始于三代之时。明谢肇淛《五杂俎》卷十二《物部》云："三代之为信者，符节而已，未有玺也。周礼九节，玺居一焉。玺亦所以为节。郑康成谓止用之贷贿，盖亦用以钤封，恐人之伪易也，称印而已。"

早在春秋时期，印玺已应用于社会活动中。目前常见的印章大多为战国时的印玺。战国时期的印玺以方形为主，还有各种不规则的形状，内容除姓名、官职外，还刻有吉语和生动的动物图案以及大型烙马印等等，材料主要有金、玉、陶等。先秦时期的印玺，总体尚缺乏严格的定制。

秦代印玺已成为一种信物和凭证，并建立起来了一定的印章制度，只有皇帝的印章才能称为"玺"，而官民的印章则称为"印"。汉代的印玺制度在秦代的基础之上得到了进一步的发展和完善，故有"玺印盛于汉"的说法。汉印种类繁多，具有方正、质朴、平和、博大的风格，质地上有金、银、铜、玉、石等材料，一般采用琢、铸、凿等制印方法。

魏晋南北朝篆刻基本承袭汉印之风，但趋于瘦挺方直，不及汉代印章精整严谨。魏晋南北朝官印各朝均有定制，最具特点的印章有多字印、多面印、悬针篆印和朱文印四种。隋唐至宋元，官印存世极少。

印玺有阴文、阳文之分。印玺的名称和种类，大体可以分为玺、印、章、印章、记、关防等几种。其中，"玺"在三代以前为诸侯大夫之印通称，秦始皇以后为皇帝独用。武则天之后，皇帝用玺亦别称为"宝"。中国历代皇帝御玺大部分为螭虎纽。"印"在春秋战国时期尚不普及，秦汉时期官印通称为"印"。汉印相对传世较多，据考证"印"起源于封泥，如大连普兰店张店汉城出土的"临濊承印"封泥等。"章"在汉代与"印"并称，但称"章"的地位一般略高。"记"主要为识记作用，一般与"章"并称。大连大学东北史研究中心文物馆所藏辽金元时期的小铜印，基本为此类私人押记用印。"印章"为"印"和"章"连称，在汉武帝时期即有此叫法。"关防"缘起于明太祖时，为加强关防而采用半印公文制，如同战国时期的合符一般，以验测公文真伪。

名称：小铜印

年代：辽金元

质地：铜

尺寸：通长 2.4cm，通宽 1.8cm，通高 1.6cm

质量：24.7g

名称：小铜印

年代：辽金元

质地：铜

尺寸：通长 2.5cm，通宽 1.7cm，通高 1.58cm

质量：24.7g

名称：小铜印
年代：辽金元
质地：铜
尺寸：通长 2.1cm，通宽 1.69cm，通高 1cm
质量：8.26g

名称：小铜印
年代：辽金元
质地：铜
尺寸：通长 2.1cm，通宽 1.6cm，通高 0.99cm
质量：5.41g

名称：小铜印

年代：辽金元

质地：铜

尺寸：通长 1.8cm，通宽 1.76cm，通高 1.2cm

质量：10.9g

名称：小铜印

年代：辽金元

质地：铜

尺寸：通长 1.7cm，通宽 1.4cm，通高 0.8cm

质量：5.35g

名称：小铜印

年代：辽金元

质地：铜

尺寸：通长 1.51cm，通宽 1.49cm，通高 1.1cm

质量：10g

名称：小铜印

年代：辽金元

质地：铜

尺寸：通长 2.3cm，通宽 1.8cm，通高 0.6cm

质量：8.67g

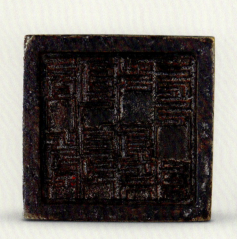

名称："乾字一万五千六百六十三号"铜印

年代：清乾隆四十九年（公元 1784 年）

质地：铜

尺寸：通宽 5.5cm，通高 9.8cm

质量：628.5g

名称："乾字一万五千六百六十四号"铜印

年代：清乾隆四十九年（公元 1784 年）

质地：铜

尺寸：通宽 5.5cm，通高 9.8cm

质量：646.4g

档案文书

　　大连大学东北史研究中心文物馆所藏档案文书类文物主要有清代"民写官验"地契2份，清道光刘庸书法拓本1份，《九卿议定物料价值》1套。

　　地契是我国古代土地买卖的契约，也是土地所有权的凭证，具有一定的学术价值和收藏价值。地契通常包括立契人姓名、卖地原因以及所卖土地的面积、坐落、四至、价钱、纳税等内容。至清代，地契的书写、官验、纳税、发布逐渐趋向规范化管理，总体上是采取"民写官验"的方式，即先由买卖双方自行协商，然后由官府采取一定的方式对民写地契进行核验。

　　清代地契的种类大体可分为"民写官验契""官契纸地契""三联式地契"和未经官府验核的"白契"四种。其中，清代的"民写官验契"主要采取两种方式：一种是清初实行的"官验契"，即在民写地契上加盖州县官印，收取契税，表示官方对地契的承认。验契时一般加盖两处官印，一处盖在契中地价数额上，并画押；另一处加盖在契末所写年号上。"官验契"从顺治初期开始实行，一直到雍正晚期才结束，个别地方使用到了乾隆初年。

　　清代的"民写官验契"另一种形式则是清代中晚期实行的粘连"契尾"验契方式。这种方式大约从乾隆元年开始实行，一直沿用到晚清。"契尾"由布政司统一刊印，编号发行，粘连在民写地契之后，作为官的验契凭证。大连大学东北史研究中心文物馆所藏的"清乾隆四十八年十月李贾氏卖地契""清嘉庆二十三年李起福卖房契"即属于此类地契。

　　馆藏的《九卿议定物料价值》，成书于清乾隆元年（公元1736年），由迈柱等撰，一函七册，线装本，为乾隆时期进行的营造活动的核算依据，保存品相较好。

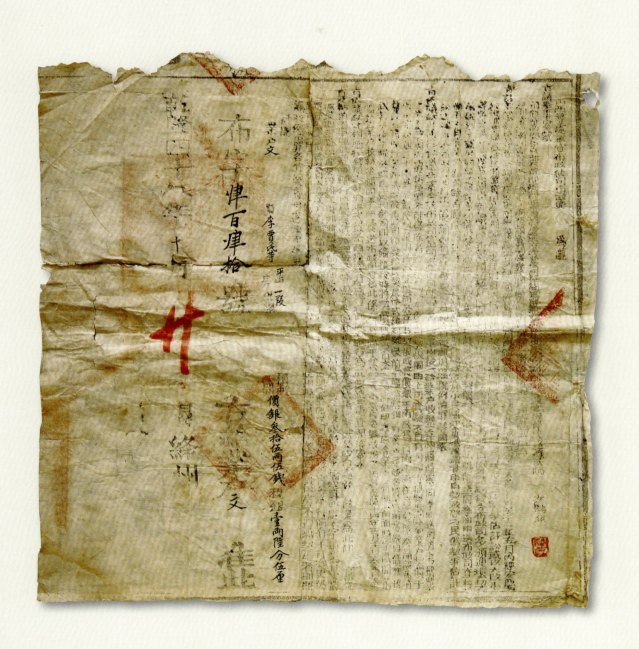

名称：李贾氏卖地契
年代：清乾隆四十八年（公元 1783 年）
尺寸：通长 39.5cm，通宽 39.5cm
质量：5.18g

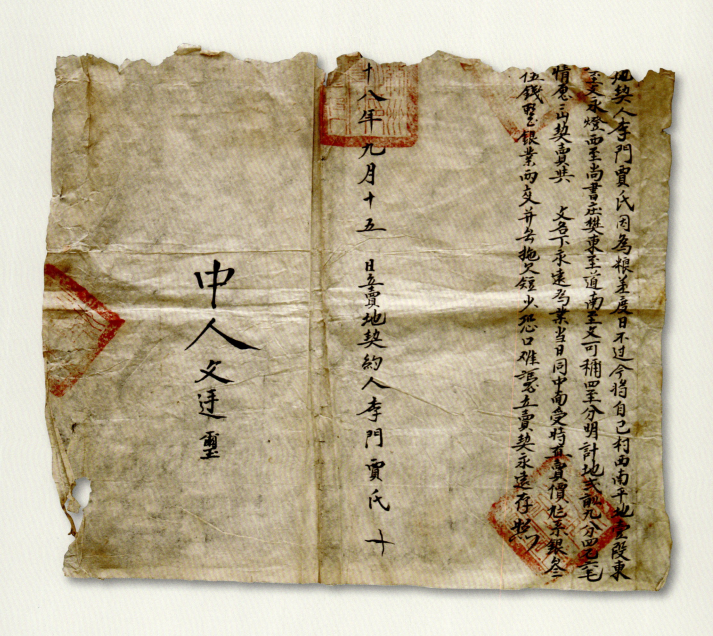

名称：李贾氏卖地契

年代：清乾隆四十八年（公元 1783 年）

尺寸：通长 45cm，通宽 39cm

质量：5g

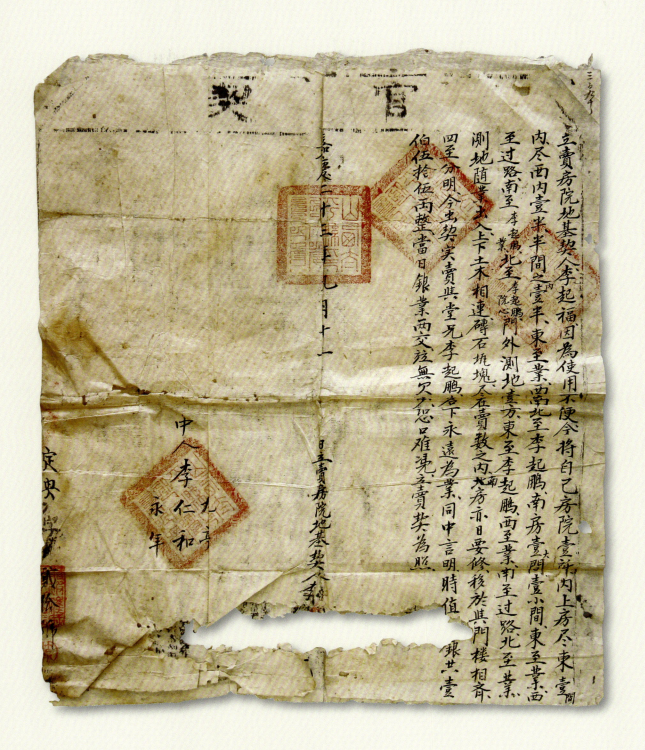

名称：李起福卖房契
年代：清嘉庆二十三年（公元 1818 年）
尺寸：通长 44cm，通宽 41cm
质量：5g

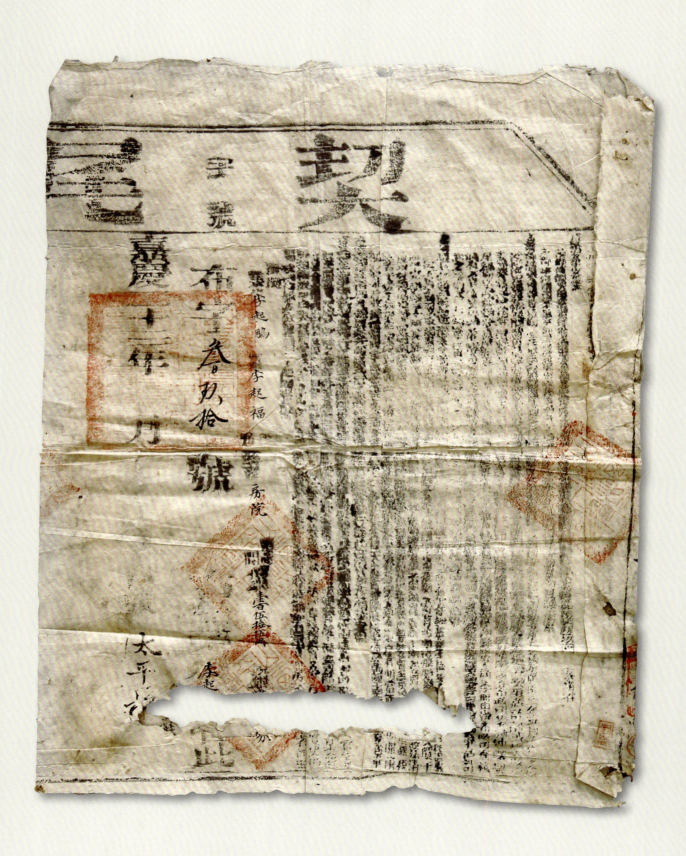

契

字號

嘉慶

右

貳分拾

號

月

十二年

李起鵬

李起福

房院

太平

李起

此

196

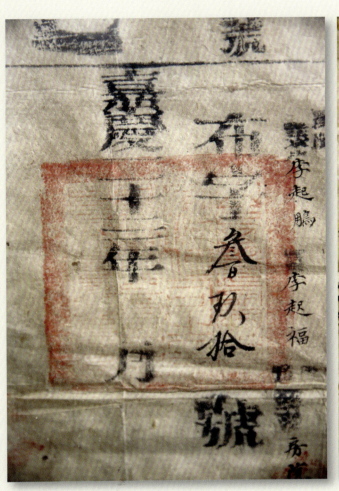
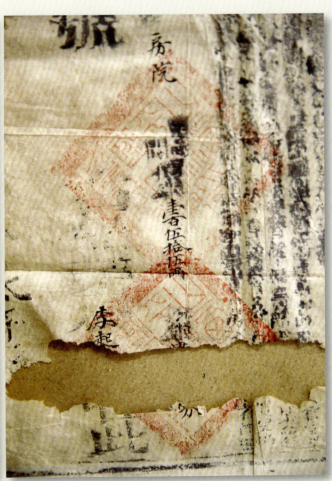

名称：李起福卖房契

年代：清嘉庆二十三年（公元 1818 年）

尺寸：通长 45cm，通宽 34cm

质量：4g

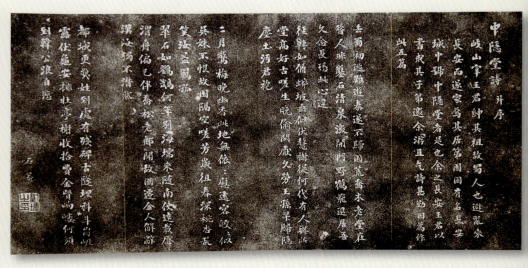

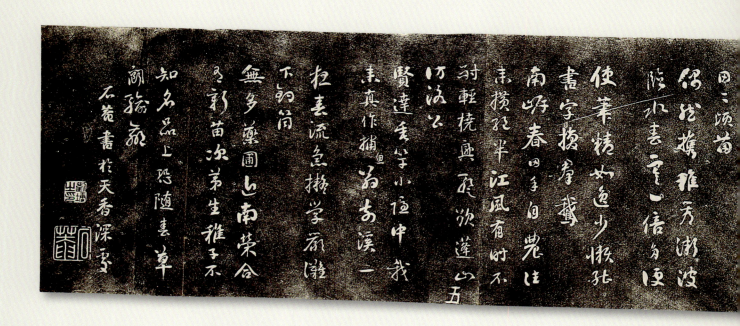

名称：刘墉书法拓本

年代：清

尺寸：通长 25.2cm，通宽 13.5cm

质量：421.8g

心畫初樓

石菴自題

自遣诗

五年重到金山村樹

有文柯接為孫更感

下嶂衫色好睛雲

裁芺便学问

花溪漾之宋棠聚水

逐四坐深村绕须

按取幽栖雲老檜成

继使作門

隐洞尊為探藥門

汴雲游於焰淅的玉

長歎人間娥易華

暗将心弓許煙雲病

兰敷松珍些堕合有

真人上姓名

未酌約亦明生茉昴

書囊便是家

半梳為雁自土家程

盏全葡萄载曹兰士

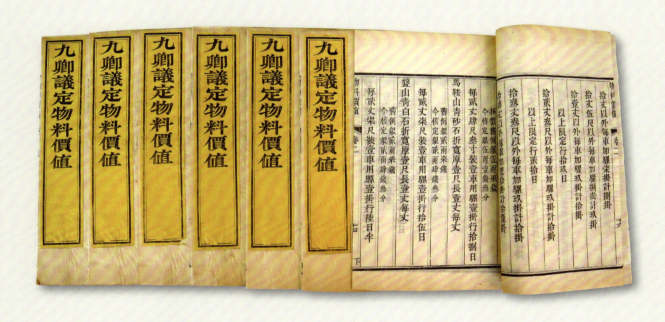

名称：线装书《九卿议定物料价值》

年代：清

尺寸：通长27.6cm，通宽18.3cm

质量：720g

武器

　　东北原始人类最初是从自然界获得生活资料的，制作简单的石器工具主要用于渔猎和采集，后来氏族部落为争夺生活资料等发生武装冲突，原先使用的石器工具逐渐具有了武器的功用。

　　通过考古发现，在东北地区新石器时代的辽西富河文化、辽东新乐文化，牡丹江流域莺歌岭下层文化、嫩江流域昂昂溪文化、依敏河流域哈克文化、兴凯湖的新开流文化等遗址，都出土了大量的石矛、石镞、骨角矛和骨镞等，这些都属于新石器时代的重要石兵器，表明东北各文化区域的石兵器及骨兵器已经相当普遍。这些石兵器和骨兵器平时为渔捞和狩猎工具，战时则是防卫和战斗的武器，其中，弓箭已经成为该时期最为重要的远程武器。早在距今一万年的中石器时代的扎赉诺尔文化遗址中，就发现有石镞。扎赉诺尔人使用玛瑙、玉髓等硬质石料所制作的石镞，是东北地区石器时代已经制作和使用弓箭的最早实物证据。此外，在《竹书纪年·武帝纪》、《国语·鲁语下》等文献中有关肃慎"楛矢石砮"的记载，也表明了东北地区先民在弓箭制作方面的传统和专长。

　　石兵器在东北武器发展历史上占据了很长时间。然而，随着青铜兵器的出现，兵器的发展经过铜石兵器并用时代，逐渐过渡到以青铜兵器为主的时代。在夏家店下层文化时期，考古发现的青铜兵器主要有铜柄戈、铜镞等，但在已发现的兵器中仍以石兵器为主，青铜兵器则占少数，表明该时期大体属于从石兵器向青铜兵器的变革时期。夏家店上层文化的青铜器，无论是种类，还是数量都是以兵器为多，如铜盔、铜戈、铜矛、铜镞、青铜短剑、车马具等，证明兵器的发展在辽西地区已经由铜石并用时代步入了以青铜兵器为主的时代。

　　战国时期，中原地区的铁兵器开始大量装备部队，锐利、坚硬的铁兵器使这一时期的诸侯争霸和兼并战争进一步加剧，随着北方游牧民族的兴起，燕、赵、齐等国开始加强对北方边境的军事防御和对北方少数民族的军事进攻。战国后期，燕将秦开率军大破东胡，占据了广阔的辽河流域，使得中原地区的铁兵器在辽河流域广泛传播，并在以后的历史发展中，逐渐向东北整个区域扩展蔓延，促进了东北地区民族的军事与社会变革。生活在东北地区腹地的古代民族大约在秦汉之际进入到早期铁器时代。自此之后，铁兵器成为东北地区冷兵器时代的主要武器。

大连大学东北史研究中心文物馆收藏的武器类文物主要有青铜时代的直刃青铜短剑1件，保存较为良好，为近战和防身武器；青铜箭镞、青铜小刀若干，箭镞大体可分为有柄和无柄两种，形制主要有三棱形和双刃型两类，青铜小刀有的近似防身匕首，有的则为生活用品。馆藏辽金元时期的武器主要有铁剑、铁刀、匕首和各类铁箭镞等，其中铁剑、铁刀锈蚀较为严重，箭镞的数量和种类较为丰富，有三棱形、铲形、双刃型、锥形、鸣镝等。辽金元时期种类繁多的铁箭镞，堪为该时期军事战争合作化和战场形势复杂化的缩影，同时也反映出该时期东北地区手工制造业的进一步发展。除了上述馆藏武器类文物之外，本馆还收藏有民国时期的"二人夺"一件套，刀鞘形似手杖，中藏棱形利刃，合之为杖，二人分夺时，则刀离鞘，发挥"出其不意攻其不备"的特点，一般作防身之用。

名称：青铜刀
年代：青铜时代
质地：铜
尺寸：通长 25.8cm，通宽 2.45cm
质量：159.4g

名称：青铜箭镞
年代：青铜时代
质地：铜
尺寸：通长 4cm，通宽 1.68cm
质量：7.39g

名称：青铜箭镞
年代：青铜时代
质地：铜
尺寸：通长 4.65cm，通宽 0.98cm
质量：13.08g

名称：青铜箭镞

年代：青铜时代

质地：铜

尺寸：通长 3.3cm，通宽 0.89cm

质量：7.63g

名称：青铜箭镞

年代：青铜时代

质地：铜

尺寸：通长 3.3cm，通宽 1.6cm

质量：4.77g

名称：青铜短剑

年代：汉

质地：铜

尺寸：通长 44.5cm，通宽 3.67cm

质量：392.9g

名称：铁匕首
年代：辽金元
质地：铁、铜复合
尺寸：通长 21.1cm，通宽 2.7cm
质量：953.7g

名称：铁匕首
年代：辽金元
质地：铁
尺寸：通长 18.4cm，通宽 1.6cm
质量：941.26g

名称：铁箭镞
年代：辽金元
质地：铁

名称：二人夺托架

年代：民国

质地：铜、木复合

尺寸：通长 94cm，通宽 21.8cm，通高 43.3cm

质量：10.34kg

钱币

中国的钱币不仅历史悠久而且种类繁多，形成了独具一格的货币文化。中国古代钱币早期形态主要是贝类币。在史前的仰韶文化、龙山文化、大汶口文化遗址中，以及夏代纪年范围内的二里头文化遗址和商周墓葬中，均屡有发现。商和西周时，贝币已成为主要流通货币。在商代晚期和西周，还出现无文字的铜仿贝。

春秋战国时期，贝币则完全退出了历史舞台，取而代之的主要有流行于楚国地区的蚁鼻钱、黄河流域的布币、齐燕地区的刀币和三晋两周地区的环钱。秦灭六国后，废除各国的布币、刀币等旧币，将方孔半两钱作为法定货币，中国古钱币的形态从此固定下来了，一直沿用到清末。汉承秦制，西汉的铜钱主要有半两钱、三铢钱、五铢钱三种。东汉则都是五铢钱。

三国魏晋南北朝时期的钱币，形制多样，币值不一，一度重物轻币。魏明帝时恢复铸行五铢钱，形制与东汉时期五铢相似。蜀汉和东吴多实行大钱。蜀币主要有直百五铢、直百等。吴币主要有大泉五百、大泉当千、大泉二千等。西晋主要沿用汉魏旧钱，东晋成立之初则沿用吴国旧钱，后来又有五铢小钱。十六国期间的成汉李寿铸行"汉兴"钱，为中国最早的年号钱。

隋朝的建立，使中国混乱的货币趋向于统一。隋文帝开皇三年（公元583年）铸行了标准化的五铢钱，并禁止旧钱流通。唐武德四年（公元621年）铸行"开元通宝"，则开创了中国历史上的宝文币制（如通宝、元宝和重宝），自此中国古代钱币以"纪年"取代了"重量"的命名方式。开元通宝是唐朝三百年的主要铸币，此外还铸有"乾封重宝""乾元重宝""大历元宝""建中通宝""咸通玄宝"及史思明所铸的"顺天元宝""得壹元宝"等。

宋代是中国铸币业比较发达的时期，在数量和质量上都超过了前代。北宋以后的年号钱盛行，几乎每改年号就铸新钱。在宋代，白银的流通亦取得了重要的地位，在北宋年间发行的"交子"开创了世界钱币史上纸币的新纪元。此外，宋代也出现了对子钱、记监钱、记炉钱、记年钱。

辽代起初使用中原地区的钱币，后来自铸币，以汉文为钱文，但所铸的钱币多不精。西夏曾铸行过两种文字货币：一种是西夏文的"屋驮钱"；一种是汉文钱，形制大小与宋钱相似。西夏的钱币铸制精整，文字俊秀。金代所铸钱币种类繁多，除用铜钱外，亦用纸币，均以汉文为币文。金国的钱币受南宋的影响较大。元代，纸币和白银已成为主要流通货币，铜钱不再占有主要地位。

明代，白银为法定的流通货币，大额交易多用银，小交易用钞或钱。明初只用钞（大明宝钞）不用钱，后来改为钱钞兼用。明代共有十个皇帝铸过年号钱，因避讳皇帝朱元璋之"元"字，其所有钱币统称"通宝"，而忌用"元宝"。清朝主要以白银为主，小额交易一般用钱。清初铸钱沿用模具制钱，后期则仿效国外，用机器制钱。

大连大学东北史研究中心文物馆收藏的钱币，上起中国早期的贝币，下至民国时期的银元和纸币，基本包括了中国各历史时期的代表性钱币，数量不等，并藏有外国古代钱币若干，本书仅遴选刊录了其中部分藏品。

名称：骨贝

年代：西周

质地：骨

名称：玉贝

年代：西周

质地：骨

名称：空首布
年代：春秋战国
质地：铜

名称：布币
年代：春秋战国
质地：铜

名称：刀币

年代：春秋战国

质地：铜

名称：蚁鼻钱
年代：战国
质地：铜

名称：半两钱
年代：战国
质地：铜

名称：五铢货泉

年代：汉

质地：铜

名称：直百五铢
年代：蜀汉
质地：铜

刘备于汉献帝建安十九年（公元 214 年）发行"直百钱"。直百钱有面文"直百五铢"和"直百"两种。

名称：太货六铢
年代：南朝陈
质地：铜

南朝陈宣帝太建十一年（公元 579 年）铸行"太货六铢"。钱币铜质优良，轮廓整齐，钱文瑰丽匀称，铸造精妙绝伦，堪称南朝钱币之冠。

名称：北周三泉

年代：北周

质地：铜

    北周三泉是指北周武帝宇文邕在保定元年（公元561年）所铸"布泉"、在建德三年（公元574年）所铸"五行大布"及静帝宇文衍在大象元年（公元579年）所铸"永通万国"。

名称：开元通宝

年代：唐

质地：铜

　　钱币在唐代始有"通宝"。唐初沿用隋五铢。唐高祖武德四年（公元 621 年），为整治混乱的币制，废隋钱，效仿西汉五铢的严格规范，开铸"开元通宝"，取代社会上遗存的五铢。开元通宝开元宝、通宝方孔圆钱之先河，宣告了自秦以来流通了八百多年的铢两货币的结束。从此，中国的方孔圆钱多以"通宝""元宝"相称，亦即宝文钱的开始。中国的币制正式脱离以重量为名的铢两体系而发展为通宝币制，成为唐以后历朝的铸币标准，沿袭近 1300 年。

名称：**乾元重宝**

年代：**唐**

质地：**铜**

　　唐肃宗乾元元年（公元 758 年）七月，御史中丞奏请铸行"乾元重宝"，以乾元重宝一枚当开元通宝十枚。乾元重宝钱径 2.7 厘米，重 5.97 克，钱文隶书，顺读。乾元二年铸行乾元重宝"重轮钱"，钱背面外廓双层，故叫"重轮钱"，以一当开元通宝五十文。重轮钱钱径 3.5 厘米，钱文隶书，顺读。

名称：**顺天元宝**

年代：**唐**

质地：**铜**

　　大唐安史之乱叛将史思明于乾元二年（公元 759 年）销毁洛阳铜佛铸造，以一当开元通宝之百行用，面文为"顺天元宝"，形制与"得壹元宝"相同。版本较多，背上月版常见，其余皆少见。此钱铸造量较得壹元宝多，有"顺天易得，得壹难求"之说。

名称：天汉元宝
年代：前蜀
质地：铜

　　五代十国时期，前蜀高祖王建，天汉元年（公元917年）铸。形制较工整，内外廓稍平，钱文四字隶书旋读，文字端正。

名称：天福元宝
年代：后晋
质地：铜

　　五代十国后晋石敬瑭天福年间（公元936—942年）铸造。是中国流通古币中最早使用"福"字的货币。当时既有官铸也有私铸，官铸精美，私铸粗劣。天福元宝存世不多，官铸更稀少。

名称：天福元宝

年代：后晋

质地：铜

名称：汉元通宝

年代：后汉

质地：铜

    五代后汉隐帝刘承祐乾祐元年（公元948年）开始铸行。三年后（公元950年），国亡停铸。钱币制作精良，边廓清晰，钱文四字隶书直读，形制面文制式均仿造"开元通宝"，钱背多有星、月纹。现今存世数量较少。

名称：元祐通宝
年代：北宋
质地：铜

　　元祐通宝是宋哲宗赵煦元祐年间（公元 1086—1094 年）铸行的货币，平钱文字篆行成对品，有版别差异。

名称：元祐通宝
年代：北宋
质地：铜

名称：端平通宝
年代：南宋
质地：铜
　　南宋理宗赵昀端平元年（公元1234年）铸造。有小平、折二、折三、折五、折十和铜铁钱。背文纪年记监。

名称：淳祐通宝
年代：南宋
质地：铜
　　南宋理宗皇帝赵昀淳祐元年（公元1241年）铸造。背文有"元"至"十二"。存世极少，十分珍贵。

名称：重熙通宝

年代：辽

质地：铜

　　辽兴宗耶律宗真重熙年间（公元1032—1055年）所铸。"重熙通宝"四字隶书，旋读，光背无文。径2.4厘米，重2.7—3.4克。重熙钱传世稍丰。

名称：咸雍通宝

年代：辽

质地：铜

　　辽道宗耶律洪基咸雍年间（公元1065—1074年）铸造。铸量不大，仅在北地流通，今存世不多，比较少见。

名称：大康元宝

年代：辽

质地：铜

辽道宗耶律洪基大康年间（公元1075—1084年）铸。面文"大康元宝"四字楷书，旋读，光背无文。径2.3厘米，重3克左右。此钱制作粗疏，文字草率，笔画多变而不甚清晰。

名称：大康元宝

年代：辽

质地：铜

名称：大安元宝
年代：辽
质地：铜

辽道宗耶律洪基大安年间（公元1085—1094年）所铸。"大安元宝"四字楷、隶兼备，一般"大安"二字为楷书，"元宝"二字存隶笔。面文旋读，光背无文。径2.3—2.4厘米，重2.7—3.9克。制作较工，文字清晰，常见版式有两种：一为"短安"型，"安"与其余三字长短相仿；一为"长安"型，"安"字相当"短安"之二倍，一目了然。

名称：寿昌元宝
年代：辽
质地：铜

辽道宗耶律洪基寿昌年间（公元1095—1101年）铸，为道宗五泉之最后一品。此钱制作粗劣，文字漫漶不清。面文"寿昌元宝"四字楷书，旋读，光背无文。

名称：寿昌元宝
年代：辽
质地：铜

名称：天庆元宝
年代：辽
质地：铜
　　辽天祚帝耶律延禧天庆年间
（公元 1111—1120 年）铸造。
有小平，折三，折五等。

名称：大安宝钱

年代：西夏

质地：铜

　　西夏惠宗赵秉常大安年间（公元 1075—1085 年）间铸造，有小平、折二两种版式。小平钱径 2.3 厘米，折二钱径 3.2 厘米。孔边长 0.8 厘米。轮廓规整，字迹清晰，笔画圆润，造型古朴。

名称：天盛元宝

年代：西夏

质地：铜

　　西夏仁宗赵仁孝天盛年间（公元 1149—1169 年）铸造。铜钱多，铁钱少。形制有小平、折二、折五、折拾，版别较多。

名称：**大定通宝**

年代：**金**

质地：**铁**

金世宗完颜雍大定十八年（公元1178年）铸造。钱文仿瘦金体书，版式有小平、折二两种。有铁钱。大定二十八年（公元1188年）铸造的钱币有干支背文。"大定通宝"钱造型简练，字仿"瘦金"，精美程度堪比"大观通宝"。

名称：**泰和重宝**

年代：**金**

质地：**铜**

金章宗完颜璟泰和四年（公元1204年）铸。钱文篆书，直读，有当十大、小两式。钱文是文学、书法大家党怀英手书，字体清纯典雅，精美异常，素为历代藏家所珍爱。篆书对读，玉筋书体。折十钱有光背、合背之分。

名称：八思巴文钱

年代：元

质地：铜

　　元代以纸币为主，辅以一定量的铜币，其中以八思巴铭文居多。

名称：大中通宝

年代：明

质地：铜

　　元至正二十一年（公元 1361 年），朱元璋在应天府设宝源局铸"大中通宝"钱。以四文为一钱，四十文为一两，四百文为一贯。钱凡五等：小平、折二、折三、折五、折十。

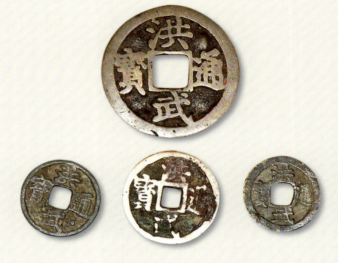

名称：洪武通宝

年代：明

质地：铜

　　朱元璋于公元 1368 年正月
称帝，建立明朝，改元洪武。
同年三月，开铸"洪武通宝"钱，
继大中钱式，行五等钱。

名称：崇祯通宝

年代：明

质地：铜

　　明毅宗朱由检崇祯元年（公元 1628 年）
始铸。崇祯当五钱，面文皆为楷书顺读，仅
背文记局一种，分工五、监五、户五三种。
该钱制作精美工整，铜质呈金黄色，浑厚凝重。

名称：解银锭
年代：明清
质地：银

名称：天命通宝
年代：明
质地：铜

后金太祖努尔哈赤天命元年（公元1616年）所铸造。铸行量不大，存世较少。满文钱为小平大型，且读法不同于一般钱文制式，按左右上下顺序读。汉文钱为小平钱制式，发行量不大。

名称：永昌通宝
年代：明
质地：铜

　　明末农民起义军李自成大顺政权于永昌年间（公元 1644—1645 年）铸造。有小平、当五两种。"永"字常由"二""水"组成，正常写法的永昌通宝反而比较少。

名称：兴朝通宝
年代：清
质地：铜

　　兴朝通宝是张献忠义子孙可望入滇以后，于永历三年（公元 1649 年）称东平王时的铸币。铸行量大，铸行时间长，开创了别具一格的"滇派"风格，影响深远。

名称：兴朝通宝

年代：清

质地：铜

名称：咸丰重宝

年代：清

质地：铜

　　铸造于清咸丰年间（公元 1851—1861 年）。"咸丰重宝"直径 36.4mm，缘厚 2.4mm，内穿 6.3mm，重 14.9g。此种铜钱币十分精美，字迹清晰，铜材优良，呈浅红黄色，钱文精美。

名称：咸丰重宝
年代：清
质地：铜

名称：咸丰元宝
年代：清
质地：铜

　　咸丰朝宝泉局所铸。"咸丰元宝"有"当百""当二百""当三百""当五百""当千"五种面值。当时采用了铜铁并铸的形式。

名称：宣统元宝

年代：清

质地：银

清宣统年间发行的宣统年号银圆。

名称：银圆、铜板
年代：清
质地：银、铜

名称：民国通宝

年代：民国

质地：铜

　　"民国通宝"是中国流通货币中最后的方孔圆钱。黄铜质，仿古代方孔钱形制，铸于民国初年（约公元1912—1916年）的部分省区，如云南、福建、天津、甘肃等。有"小平""当十"两种。小平钱径约1.8厘米，当十钱径约2.6厘米。钱文楷书，对读。当十钱背"当十"二字直读。

名称：银圆

年代：民国

质地：银

名称：铜币
年代：民国
质地：铜

名称：纸币
年代：民国
质地：纸

名称：伪满洲国铜币
年代：1932—1945 年
质地：铜

名称：筑前通宝
国别：日本
质地：铜

　　江户晚期孝明天皇文久二年（公元186年，清同治元年）铸于筑前福冈藩。形制类似天保通宝，均为椭圆形当百大钱。

名称：土佐官券
国别：日本
质地：铜

名称：启定通宝

国别：越南

质地：铜

  越南阮朝启定帝阮福昶启定年间（公元 1916—1925 年）铸。面文楷书，直读，文笔古朴而具辽钱风韵。径约 2.3 厘米，光背无文。此钱传世不多。

名称：启定通宝

国别：越南

质地：铜

名称：外国货币
质地：铜、银

后记

　　2018年，大连大学东北史研究中心已走过了16个春秋。回眸创业的艰辛历程，仍然历历在目。

　　2003年初，在大连大学党委书记赵亚平教授、校长高大彬教授以及相关领导和部门的大力支持下，王禹浪教授带领李成、崔广斌、王建国、薛志强、王宏北、李彦君6位同志，众志成城，分工协作，克服了重重困难，仅仅历时数月，便完成了对数千件文物的征集和组织专家鉴定，以及文物陈列馆的设计与筹建工作。东北史研究中心文物陈列馆不仅成为当年大连大学校园文化建设的亮点，更重要的是引领了东北地区高校历史文物博物馆建设的时代浪潮。

　　2004年9月，东北史研究中心作为大连大学专门史专业硕士研究生培养单位，开始正式招收东北史研究方向硕士研究生。自第一批硕士研究生开始，那些朝气蓬勃的青年学子们，对东北史研究中心的学术研究、文物整理、档案建设与展览展示等工作都倾注了心血，丰富且具有东北地域特色的文物藏品也为硕士研究生提供了难得的实践学习的契机。他们在东北史研究中心各位老师的指导下，相继参与到藏品的登记、整理、保护和文物的展览、讲解、建档等工作中，尤其是为本书的编辑出版打下了坚实的基础，并积累了重要的文物数据和图片素材。

　　2016年12月，时任大连大学党委书记王志强教授、校长潘成胜教授，在学校国有资产管理处相关领导的陪同下，专门现场办公，考察了东北史研究中心的文物库房及相关文物整理与保护工作，并听取了东北史研究中心王禹浪教授《关于东北史研究中心文物陈列馆现状及存在问题的工作汇报》。对东北史研究中心多年来的辛勤工作及文物陈列馆在大连大学校园文化建设、教学与科研工作中所起的重要作用给予了充分肯定，特别是对《大连大学东北史研究中心馆藏文物精粹》的编辑出版给予了高度的重视和期望，并为本书的出版提供了专项经费支持。

2017年1月，在大连大学马克思主义学院于占杰博士的帮助下，我们与文物出版社窦旭耀编辑，就本书出版的相关事宜进行了接洽，并签订了出版合同。同年12月，交付了本书的初稿。其后，又经过大约一年时间，对书稿进行了反复的修改、校对，以及必要的调整与补充。

值此《大连大学东北史研究中心馆藏文物精粹》付梓之际，谨向多年来对大连大学东北史研究中心以及本书出版给予过支持和帮助，并付出辛劳的各位领导、同仁、同事、编辑和亲爱的同学们致以最诚挚的感谢！

编　者

2018年11月30日